A L'EST DU SOLEIL ET A L'OUEST DE LA LUNE

Histoires de troll et contes de fées norvégiens

Qui n'a jamais vu un troll durant une promenade nocturne au coeur de la forêt? On voit apparaître une tête ébouriffée derrière un grand rocher, ou l'oeil d'un troll luisant entre des troncs d'arbre. De tous les pays scandinaves, c'est en Norvège que les trolls sont le plus ancrés dans la culture et la tradition narrative. Les trolls occupent une place prépondérante dans le folklore et les contes de fées. Mais pourquoi particulièrement en Norvège? Il y a plusieurs explications à cela.

«Dans une Europe surpeuplée, la Norvège est toujours le royaume de la Nature. Au coeur des immenses forêts, le silence prédomine depuis des milliers d'années. Le monde moderne n'y a pas sa place. Le silence du puissant rythme de la Nature laisse l'homme moderne, menant une existence fragmentée au fil des heures et des minutes, plutôt désemparé. L'immense forêt chante un hymne éternel. Un vieil arbre s'écrase au sol, comme abattu par le vent, entre de nouvelles racines et de nouveaux arbres. Les saisons vont et viennent, l'été et l'hiver, le printemps et l'automne, dans un cycle immuable. L'éternité domine.

«C'est là que vivent les trolls. Le troll est norvégien, et incarne l'esprit naturel des forêts norvégiennes. Il n'est pas agile comme le faune grec, qui gambadait sur les collines dénudées baignées de soleil. Il est lourd, noir et gigantesque. Il est la forêt et la montagne en mouvement.»

C'est en ces termes pertinents, extraits de son livre publié en 1974, que le biographe de Kittelsen, Odd Hølaas, dépeint quelques-unes des principales caractéristiques des histoires de troll norvégiennes. Elles reflètent fidèlement ce que chaque Norvégien ressent à l'égard des vastes forêts de sapins qui enveloppent la Norvège dans leur manteau vert foncé. Pour Hølaas, les troll symbolisent notre peur de la nature, notre peur de la forêt, une peur du noir viscérale qui ne nous quitte jamais. La nature norvégienne est une source inépuisable de contes de fées et d'histoires de troll.

Par ailleurs, l'heureuse combinaison de la tradition folklorique et de la créativité de Theodor Kittelsen en tant qu'illustrateur a produit des images de troll qui sont devenues aussi familières pour les Norvégiens que leurs prières du soir ou le fromage au lait de chèvre. Ces étranges créatures tordues et recouvertes de mousse, qui errent durant la nuit ou restent figées comme la pierre, font désormais partie de la culture norvégienne. Chaque Norvégien sait à quoi ressemble le troll de la forêt de Heddal, ou le troll à trois têtes qui retient la

princesse prisonnière dans la montagne bleue. Kittelsen les a mis en image, et nous ne les oublierons jamais.

Rares sont les illustrateurs ou peintres norvégiens qui, comme Theodor Kittelsen, ont aussi bien réussi à immortaliser sur papier ces étranges créatures et la délicieuse atmosphère de la nature norvégienne. La technique artistique utilisée par Kittelsen dans ses dessins, avec des extrémités en noir et blanc et des nuances de gris au milieu, occupe une place à part dans l'art norvégien.

Nés dans les contes folkloriques, les trolls ont également inspiré la littérature. Lorsque Henrik Ibsen voulut décrire la faiblesse du tempérament norvégien dans sa pièce Peer Gynt, il utilisa les trolls. Lorsque le Roi de la Montagne demande à Peer Gynt quelle est la différence entre l'homme et le troll, et que Peer, aussi ambitieux qu'avare, répond sans hésiter qu'elle est infime, le Roi de la Montagne rétorque :

«Les hommes ont un dicton: 'Homme, sois toi-même!' Les troll ont un dicton: 'Troll, sois pour toi-même!'»

Peer Gynt fait un pacte avec les esprits et en paie le prix. Cependant, les troll norvégiens ne sont pas dénués d'une certaine bonté. Ils sont terrifiants et puissants, mais également stupides, et peuvent être facilement terrassés par un jeune homme agile à l'esprit vif ou par un soldat courageux. Nous lisons par conséquent leurs histoires à la fois effrayés et ravis. Elles se terminent toujours bien, et le troll est vaincu par un homme rebelle, doté d'un esprit modeste, de fantaisie et d'humour.

Les origines de ces contes de fées sont difficiles à déterminer de nos jours. Les légendes et contes de fées traversent les pays et les continents. Elles s'enracinent, revêtent une forme linguistique différente, empreinte de couleur locale. En Norvège, les contes de fées ont été indubitablement mêlés aux légendes en langage nordique et à des histoires similaires inspirées des sagas épiques.

Même si on peut remonter très loin dans l'histoire des contes folkloriques, ils ne furent pas écrits avant le siècle dernier. Jusqu'alors, les contes de fées étaient considérés comme une culture populaire, appartenant au petit peuple. Le grand

CHR MAGNUS
Th. Kittelsen

poète Ludvig Holberg, de Bergen, qualifiait les contes folkloriques de contes de bonnes femmes. Mais lorsque la vague romantique commença à déferler à travers l'Europe au début du 19ème siècle, la culture populaire fut dépoussiérée et vénérée par les artistes, écrivains et compositeurs.

Sur le plan philosophique, le romantisme était une réaction contre le rationalisme du 18ème siècle. Le romantisme amplifiait l'imagination, les émotions et l'intensité subjective, et constituait par conséquent un terrain fertile pour les mouvements nationalistes attachés à leur patrimoine. La recherche historique et linguistique prit de nouvelles directions, et l'on se mit à étudier les coutumes populaires, à constituer des recueils de contes de fées et chansons folkloriques.

C'est dans ce contexte que deux amateurs de folklore norvégiens, Per Christian Asbjørnsen et Jørgen Moe, accomplirent leur oeuvre, indubitablement inspirés par les frères Jacob et Guillaume Grimm en Allemagne, ainsi que par leur contemporain danois, Hans Christian Andersen.

Les contes de fées norvégiens d'Asbjørnsen et Moe furent publiés pour la première fois au début des années 1840. Plus tard, ils furent édités dans une collection abondamment illustrée par les meilleurs artistes de l'époque, parmi lesquels Theodor Kittelsen et Erik Werenskiold. Asbjørnsen et Moe n'écrivaient pas les histoires exactement comme elles leur étaient contées, que ce soit sur le plan du langage ou du contenu. Ils recueillaient les histoires et les racontaient, ce qui signifie par exemple que le langage changeait, même s'ils cherchaient à «restituer de manière fidèle ce que nous a relaté le narrateur».

Avec leurs recueils de contes folkloriques, principalement issus de l'est de la Norvège, ils jetèrent les fondations d'un héritage culturel aujourd'hui partagé par tous les Norvégiens. Le langage et les sujets des histoires sont désormais passés

dans le langage commun actuel. Les contes folkloriques et les troll des forêts font partie de la vie quotidienne des Norvégiens, qu'ils habitent à la ville ou à la campagne.

Les extraits des contes de fées contenus dans cet ouvrage sont principalement des contes fantastiques ou magiques, et représentent le type de conte folklorique le plus courant en Norvège. Ces histoires parlent généralement de troll, de sorcières et de personnes dotées de pouvoirs surnaturels. Askeladd, par exemple, possède des bottes de sept lieues et parvient à absorber une quantité illimitée de nourriture, tandis que des châteaux en or brillent et attirent les gens dans la montagne où un troll garde une princesse captive, et que Frikk reçoit des mains d'un pauvre homme un violon enchanté qui fait danser toute créature vivante.

Nous avons également incorporé dans cet ouvrage les propres descriptions faites par Theodor Kittelsen de créatures de légendes et contes de fées telles que l'esprit de la cascade, le farfadet et les lutins, également appelés fées. Les lutins sont de petites créatures vêtues de gris qui sont jalouses des hommes car ces derniers peuvent supporter la lumière du soleil. Les fées semblent souvent ensorceler ou menacer les gens, et habitent un monde très similaire au monde des humains, possédant un troupeau et des fermes, pratiquant la pêche et le canotage sur le lac.

Theodor Kittelsen était fasciné par ce monde ténébreux peuplé d'êtres surnaturels et d'esprits. En marchant à travers champs et forêts, il les voyait partout: dans les brumes au-dessus des marais, dans le voile crépusculaire entourant les troncs de pins couchés sur le sol et dans les sapins ruisselants les jours de pluie. Et lorsque toute la famille était en sûreté blottie au fond du lit, on pouvait entendre les esprits de la maison, ou farfadets, farfouiller dans la cuisine ou dans les dépendances.

Le peintre norvégien Christian Krogh écrivit à propos de la relation qu'entretenait Kittelsen avec les contes de fées et trolls norvégiens que «nous sommes captivés et attirés dans un tout nouveau monde, où nous ressentons, souffrons et observons avec lui, cet homme exalté, qui s'aventure seul avec les yeux grand ouverts et les nerfs à fleur de peau dans la nature immense, pure et sauvage».

Th. Kittelsen.

LE TROLL DE LA FORET

Les bois, leur sauvage monotonie, ont laissé leur empreinte en nous, qui ne faisons plus qu'un avec la nature. Nous l'aimons pour ce qu'elle est, avec sa puissante mélancolie.

Enfants, nous avions l'habitude de lever la tête vers les sapins et les pins bruissants, en suivant des yeux leurs puissants troncs. Nous grimpions dans les branches noueuses jusqu'aux sommets ondoyants et bruissants, perdus dans l'immensité bleue.

Lorsque le soleil se couchait, la solitude et la sérénité enveloppaient les grands marécages, et un profond silence régnait. On avait l'impression que les bois n'osaient pas respirer, comme s'ils étaient couchés dans l'attente de quelque chose, calmes et silencieux. Alors nos coeurs se mettaient à cogner. Nous voulions plus, nous demandions en suppliant des aventures, sauvages et excitantes, pour les pauvres enfants que nous étions.

Et la forêt nous donnait une aventure.

Elle approchait calmement et furtivement, avec la démarche douce et silencieuse d'un chat.

Tout ce qui était immobile comme la pierre, commençait à bouger.

Au loin, un rocher bougeait, inspirant la crainte et la peur. Il avait des yeux, se mettait à bouger, marchait en silence droit vers nous. Et nous frémissions de joie, nous adorions ça!

C'était le troll de la forêt. Son oeil unique laissait transparaître toute l'horreur et la frayeur, l'or et les trésors que réclamait notre imagination enfantine.

Nous voulions être terrifiés par lui, et nous voulions lui résister. Petits comme nous étions, nous voulions le taquiner, le tailler en pièces et voler son or. Mais surtout, nous voulions arracher l'oeil brillant de son front. Qui aurait cru que le troll de la forêt, si laid, pouvait posséder un tel oeil?

LES PETITS GARCONS QUI RENCONTRERENT LES TROLL DE LA FORET DE HEDDAL

Peu après s'être couchés, ils entendirent quelqu'un renifler et respirer bruyamment. Les garçons tendirent l'oreille, essayant de deviner s'il s'agissait d'un animal ou d'un troll. Puis la respiration devint de plus en plus proche, et on entendit:

«Je sens le sang d'un chrétien!» Ils entendirent des bruits de pas si lourds que la terre trembla, et ils surent qu'il s'agissait de troll.

«Dieu nous vienne en aide, qu'allons-nous faire?» demanda le plus jeune garçon à son frère.

«Et bien, reste où tu es sous le pin, et sois prêt à attraper le sac et à t'enfuir dès que tu les verras arriver, quant à moi je prendrai la petite hache,» répondit le garçon.

A cet instant, ils virent les troll approcher. Ils étaient si grands que leurs têtes atteignaient les sommets des pins. Mais ils n'avaient qu'un seul oeil pour trois, et devaient l'utiliser tour à tour. Ils avaient un trou dans le front, dans lequel ils mettaient l'oeil avec leurs mains. C'était le premier troll qui avait l'oeil, tandis que les autres marchaient derrière en se tenant à lui.

«Prends les jambes à ton cou,» dit l'aîné, mais ne t'éloigne pas trop afin de voir ce qui se passe. Leur oeil est tellement haut qu'ils auront du mal à me voir lorsque je surgirai derrière eux.

Alors son frère partit devant en courant, et les troll se lancèrent à sa poursuite. Pendant ce temps, l'aîné arriva par derrière et frappa la cheville du dernier troll, qui laissa échapper un terrible hurlement. Le premier troll fut si effrayé qu'il fit tomber l'oeil, que le garçon s'empressa de ramasser. Il était plus grand que deux assiettes mises côte-à-côte, et brillait tellement que lorsqu'il regardait à travers, tout était clair comme en plein jour, bien qu'il fasse nuit noire.

LES TROIS PRINCESSES DANS LA MONTAGNE BLEUE

Soudain, le troll approcha à grande vitesse, faisant trembler le château.

«Ho, ho! Je peux sentir le sang et les os d'un chrétien dans ma maison,» dit-il.

«Oui, un corbeau vient de laisser tomber dans la cheminée un os humain qu'il tenait dans son bec. Bien que je l'ai jeté puis soigneusement tout nettoyé par la suite, je suis sûre que vous pouvez encore le sentir.»

«Je le savais,» dit le troll.

«Mais venez donc afin que je vous épouille,» dit la princesse, «vous vous sentirez mieux en vous réveillant.»

Le troll accepta immédiatement et il ne lui fallut pas longtemps pour s'endormir et ronfler. Lorsqu'elle fut certaine qu'il était endormi, elle plaça des chaises et des édredons sous ses têtes et sortit appeler les poules. Alors le soldat se faufila à l'intérieur, tira son épée et trancha d'un seul coup les trois têtes du troll.

Th. Kittelsen

L'OISEAU D'OR

Lorsqu'ils arrivèrent chez le troll qui possédait le cheval, ils prirent le cheval et la plus belle bride, et lorsqu'ils arrivèrent chez le troll qui possédait le tilleul et l'oiseau, ils prirent le tilleul et l'oiseau et filèrent.

Après avoir cheminé ainsi quelque temps, ils arrivèrent à un champ de seigle, et le renard dit : «j'entends un bruit. Continue ton chemin tout seul, je vais rester ici un peu.» Puis il se confectionna un manteau avec le seigle, qui le fit ressembler à un prédicateur. Soudain, les trois trolls arrivèrent en courant, persuadés qu'ils étaient sur le point de rattraper le garçon et le renard.

«As-tu vu passer quelqu'un avec une magnifique jeune femme, un cheval avec un bride en or, un oiseau d'or et un tilleul doré?» demandèrent-ils au prédicateur.

«Oui, mon arrière-arrière-grand-mère m'a raconté qu'un tel groupe était passé par ici, mais c'était au bon vieux temps, lorsque son arrière-arrière-grand-mère faisait des petits pains et en vendait deux pour un sou, en rendant un sou.»,

Les trolls éclatèrent de rire. «Ha, ha, ha!» s'écrièrent-ils, se tenant les uns les autres. «Si nous avons dormi aussi longtemps, nous ferions tout aussi bien de faire demi tour et de rentrer chez nous nous coucher,» dirent-ils avant de s'en retourner par le même chemin.

RUBAN BLEU

Le garçon prit la vieille femme sous un bras et le sac sous l'autre et décampa. «Tu vois, nous ne sommes pas loin d'habitations. Regarde ces lumières vives», dit le garçon.

Mais la vieille femme répondit qu'ils s'agissait là de trolls de la montagne, car elle connaissait toute la forêt, et elle savait que personne ne vivait ici, l'être humain le plus proche se trouvant de l'autre côté de la colline, au nord.

Après avoir marché un petit moment, ils arrivèrent à une grande ferme peinte en rouge.

«Nous ne devons pas entrer» dit la vieille femme. «Les trolls de la montagne vivent ici.»

«Mais si, nous devons entrer. Regarde ces lumières, des gens habitent certainement ici,» répondit le garçon. Il entra le premier, suivi de la vieille femme, mais dès qu'il ouvrit la porte, elle s'évanouit, car elle avait aperçu un homme très corpulent assis sur un tabouret.

«Bonsoir, grand-père» dit le garçon.

«Je suis assis ici depuis maintenant trois cents ans, et personne ne m'a jamais appelé grand-père» dit l'homme assis sur le tabouret.

Le garçon s'assit à côté de lui et commença à lui parler comme s'ils étaient de vieilles connaissances.

«Mais qu'est-il arrivé à ta mère?» demanda l'homme, après avoir parlé un certain temps. «Je pense qu'elle s'est évanouie, tu ferais mieux d'aller voir si elle va bien.»

Le garçon sortit, attrapa la vieille femme et la traîna sur le sol. Elle revint à elle, s'éloigna en rampant et se blottit au coin du feu, tellement effrayée qu'elle osait à peine ouvrir les yeux.

PETIT FRIKK ET SON VIOLON

P Frikk marcha un peu, jusqu'à ce que, fatigué, il s'assoit pour se reposer, et alors qu'il était confortablement installé, il vit arriver un pauvre homme. Il était si grand et si laid que le garçon devait lever la tête toujours plus haut, vers le ciel, et lorsqu'il vit combien l'homme était grand, laid et en loques, il commença à pleurer.

«N'aie pas peur de moi, mon garçon», dit l'homme. «Je ne te ferai pas de mal, je suis juste un pauvre homme qui te demande un sou, au nom de Dieu.»

«Crois moi,» répondit Frikk, «je n'ai plus qu'un sou, et je vais en ville pour m'acheter des vêtements. Si seulement je t'avais rencontré plus tôt...»

«Oui, mais moi je n'ai pas un seul sou, un plus grand corps et moins d'habits, et je suis donc plus à plaindre que toi» affirma l'homme.

Alors Frikk lui donna le sou, puisqu'il ne pouvait faire autrement. Ainsi, chaque mendiant avait quelque chose, alors que lui n'avait plus rien.

«Et bien, puisque tu as bon coeur et que tu m'as donné tout ce que tu possédais», dit le pauvre homme, «je t'accorde un souhait pour chaque sou offert.» Le même homme avait reçu les trois sous. Il avait seulement changé d'apparence, afin que le garçon ne le reconnaisse pas.

«J'ai toujours aimé entendre le son du violon et souhaité voir les gens danser heureux et gais», répondit le garçon. «Aussi, si je peux exprimer un souhait, c'est celui d'avoir un violon qui fasse danser toutes les créatures vivantes», dit-il.

LES FEES

Autrefois, les fées étaient partout. Le son du violon et des danses s'échappait des monticules et buttes devant lesquels passait parfois un long convoi nuptial avec de petits hommes et femmes vêtus de gris. Ils avaient pour habitude de venir avec une corne et coupe en or et d'inviter ceux qui étaient présents à boire. Mais malheur à celui qui buvait, car il tombait en leur pouvoir.

Dès que le crépuscule tombait, le peuple en gris se faufilait dehors, et il devenait dangereux de s'aventurer dans les environs, en particulier pour les jeunes filles. De nombreuses belles jeunes filles étaient attirées à l'intérieur d'une colline ou d'une montagne, d'où elles ressortaient à moitié folle, parlant de leurs riches soupirants avec leurs troupeaux et leurs grandes fermes.

ASKELADD VOLE LES PIECES D'ARGENT, LA COUVERTURE ET LA HARPE EN OR DU TROLL

Le Roi annonça au garçon que son frère avait déclaré qu'il prétendait être capable de voler la couverture en or et en argent du troll, et qu'il devait donc le faire, sous peine de perdre la vie. Askeladd répondit qu'il n'avait jamais dit ni pensé une telle chose, mais rien n'y faisait, et il demanda donc un délai de trois jours pour réfléchir. Lorsque les trois jours furent écoulés, il rama dans le pétrin jusqu'au repaire du troll, et fit les cent pas en attendant. Il aperçut enfin le troll qui pendait la couverture sur la montagne pour l'aérer, et lorsque ce dernier eu disparu, Askeladd vola la couverture et s'enfuit aussi vite qu'il pouvait. Alors qu'il avait parcouru la moitié du chemin, le troll surgit sur sa route.

«Est-ce toi qui a volé mes sept pièces d'argent?» hurla le troll.

«Ou-ii» répondit le garçon.

«As-tu également emporté ma couverture avec des carrés d'or et d'argent?»

«Ou-ii» répliqua le garçon.

«Reviendras-tu?»

«Cela se pourrait bien,» répondit le garçon.

Lorsqu'il revint au palais avec la couverture en or et en argent, il fut aimé encore davantage par tous, et devint le serviteur personnel du Roi.

Er det du som har tat de
syv Sölvanderne mine ?”
Th. Kittels

LE CHATEAU SORIA MORIA

Le feu brûlait dans le château, et Halvor pénétra dans la cuisine, la plus belle qu'il ait jamais vue. On y trouvait des récipients en or et en argent, mais pas âme qui vive. Il y resta un moment, et comme personne ne se montrait, il se dirigea vers une porte et tourna la poignée. A l'intérieur de la pièce, une princesse se tenait assise devant une quenouille.

«Et bien,» s'écria-t-elle, «comment un chrétien ose-t-il s'introduire ici? Il vaudrait mieux que vous partiez, sans quoi le troll à trois têtes qui vit ici vous mangera.»

«Il pourrait bien avoir quatre têtes que j'aimerais encore voir à quoi il ressemble,» affirma le garçon, «et je ne m'en irai pas, car je n'ai rien fait de mal. Mais vous devez me donner à manger, car j'ai terriblement faim.»

Lorsque Halvor fut rassasié, la princesse lui demanda s'il savait manier l'épée qui était accrochée au mur. Mais il en était incapable, car il ne parvenait même pas à la soulever.

«Et bien,» déclara la princesse, «vous devez alors boire une gorgée à la bouteille qui se trouve juste à côté, car c'est ce que fait le troll lorsqu'il veut sortir se servir de l'épée.»

Halvor but une gorgée et fut immédiatement capable de manier l'épée sans aucune difficulté. Désormais, pensa-t-il, il était temps que le troll fasse son apparition.

A ce moment même, le troll approcha rapidement. Halvor se tenait derrière la porte.

«Fe fi fo, je sens le sang d'un chrétien!» s'écria le troll, en passant sa tête par la porte.

«Oui, en effet,» répondit Halvor en lui tranchant la tête.

La princesse était si contente d'être sauvée, qu'elle se mit à chanter et à danser.

ASKELADD ET LE TROLL RELEVENT LE DEFI DU PLUS GROS MANGEUR

Après que Askeladd ait coupé du bois pendant un certain temps, le troll s'approcha de lui et lui dit :
«Si tu coupes tous les arbres de ma forêt, je te tuerai!»

Le garçon détala rapidement. Il s'enfuit dans la forêt pour chercher le fromage que sa mère avait mis dans son sac à provisions, et le pressa pour en faire sortir le petit lait. «Si tu ne te tiens pas tranquille,» cria-t-il au troll, je te presserai comme je presse cette pierre blanche pour en faire sortir de l'eau!»

«Oh, épargne moi par pitié,» dit le troll, «et je t'aiderai à couper du bois.»

Le garçon l'épargna à cette seule condition, et le troll coupa du bois avec tant d'ardeur qu'ils réussirent à abattre et à découper des douzaines d'arbres.

Comme le soir approchait, le troll dit, «Maintenant, tu peux venir à la maison avec moi, car ma maison est plus près que la tienne.»

Alors le garçon l'accompagna, et lorsqu'ils arrivèrent dans la maison du troll, ce dernier voulu allumer le feu, tandis que le garçon devait aller chercher de l'eau pour la bouillie. Mais les deux sceaux en fer étaient si lourds qu'il ne pouvait même pas les soulever.

Alors le garçon déclara, «Pourquoi prendre ces dés à coudre, je vais ramener le puits tout entier!»

«Non, mon ami,» répliqua le troll, «je ne peux pas me passer de mon puits. Occupe-toi du feu, et j'irai chercher de l'eau.»

Lorsqu'il revint avec l'eau, ils préparèrent une grande quantité de bouillie.

«Cela m'est égal,» affirma le garçon, «mais si tu veux, nous pouvons faire le concours du plus gros mangeur.»

«Oh oui!,» répondit le troll, qui était sûr de gagner.

Ils s'assirent pour manger, mais le garçon prit subrepticement son sac en cuir et le noua devant lui, après quoi il versa davantage de bouillie dans le sac que dans sa bouche. Lorsque le sac fut plein, il pris son couteau de poche et le perça. Le troll le regardait sans dire un mot.

Au bout d'un certain temps, le troll posa sa cuiller. «Et bien, je ne peux plus rien avaler,» dit-il.

«Tu dois encore manger!» répliqua le garçon, «je ne suis qu'à moitié rassasié. Si tu fais comme moi, et que tu perces un trou dans ton estomac, tu pourras avaler tout ce que tu voudras.»

«Mais cela n'est-il pas terriblement douloureux?» demanda le troll.

«Rien qui vaille la peine d'en parler,» répondit le garçon.

Alors le troll s'exécuta et comme vous pouvez l'imaginez, il se tua. Le garçon s'empara de tout l'or et l'argent de la montagne et rentra chez lui. Après cela, il fut toujours en mesure de rembourser ses dettes.

LE ROI VALEMON ET L'OURS POLAIRE

Le soir du troisième jeudi, l'ours polaire revint. Il combattit avec encore plus de hargne qu'auparavant, et le Roi réalisa qu'il ne pouvait pas le laisser vaincre toute son armée, et lui donna donc sa troisième fille. L'ours la prit sur son dos et l'emmena au loin, toujours plus loin. Lorsqu'ils entrèrent dans la forêt, il lui demanda, comme il avait déjà demandé à ses deux soeurs, si elle avait déjà été assise plus confortablement, et si elle avait déjà jouit d'une aussi belle vue.

«Non, jamais,» répondit-elle.

«Et bien, tu es celle qu'il me faut,» dit-il.

Ils arrivèrent alors devant un château, qui était si splendide que le château de son père ressemblait à un taudis en comparaison. C'était là qu'elle devait vivre, de manière agréable, et elle n'avait rien d'autre à faire qu'à veiller à ce que le feu ne s'éteigne jamais. L'ours s'absentait durant la journée, mais restait avec elle durant la nuit, et prenait alors forme humaine.

LE FARFADET

Le farfadet est une drôle de petite créature. Il n'a que quatre doigts sur chaque main, car il lui manque le pouce. Mais il vaut probablement mieux rester son ami. Car avec ses huit doigts crochus, il a attrapé de nombreux individus et leur a donné une bonne raclée, les laissant handicapés pour le restant de leur vie. Autrement, le farfadet n'est pas si méchant, tant qu'il a sa chère bouillie.

Et de la bouillie avec une noisette de beurre est une juste récompense pour le dur labeur qu'il fournit. Il s'occupe des vaches et surveille les chevaux, vole le foin et le maïs dans la ferme voisine, et fait généralement de son mieux pour servir le fermier avec lequel il vit. Une ferme sans farfadet ne vaut pas grand chose.

Mais c'est un grand farceur. Partout, dans le grenier à foin et la grange, vous pouvez l'entendre ricaner, glousser et exulter. Généralement, il s'assoit sur le tas de foin au clair de lune et balance ses jambes. Puis il disparaît soudainement, pour pincer les pattes du chat ou taquiner le chien de ferme. (...)

La nuit, il ne fait pas bon s'allonger et écouter le farfadet. Parfois, on entend un son sourd comme une balle, suivi d'un sifflement ou d'un bruissement, puis soudain d'un terrible choc: des seaux en étain tombent par terre, des bocaux et bouteilles vides se renversent, et on aperçoit tout autour de minuscules empreintes, comme celles de centaines de rats. Puis soudain, tout redevient calme. Et il peut continuer ainsi toute la nuit. Il n'est guère surprenant que la plupart des gens s'abstiennent de se lever simplement vêtus de leur chemise de nuit et de grimper dans le grenier pour voir ce qui s'y passe.

Th. Kittelsen. 87.

PEER GYNT DANS LE CHATEAU DU ROI DE LA MONTAGNE

Le Roi de la Montagne:

Du calme! (fait signe à ses courtisans d'approcher) Ne fanfaronnons pas. Nous avons régressé ces dernières années; nous ne savons plus à quoi nous en tenir, et il ne faut pas repousser une aide. De plus, ce garçon est presque sans défaut, et bien bâti d'après ce que je peux en juger. Il est vrai qu'il n'a qu'une seule tête; mais ma fille n'en a pas davantage non plus. Les trolls à trois têtes sont complètement démodés; les trolls à deux têtes se font rares; et leurs têtes sont comme ci comme ça. (S'adresse à Peer Gynt) Alors tu veux ma fille?

Peer Gynt:

Ta fille et ton royaume en dot, oui.

Le Roi de la Montagne:

Tu en auras la moitié tant que je vivrai et l'autre moitié lorsque je disparaîtrai.

Peer Gynt:

Cela me satisfait.

Le Roi de la Montagne:

Mais attend une minute, mon garçon – Toi aussi, tu as quelque promesse à faire. Si tu manques à une seule de tes paroles, notre pacte ne tient plus, et tu ne sortiras pas d'ici vivant. En premier lieu, il faut promettre de ne jamais t'occuper de ce qui se trouve au-delà des limites des Rondane; tu fuiras le jour, ses hauts faits et tout endroit éclairé.

Peer Gynt:

Une couronne vaut bien ce sacrifice.

MOTTE DE BEURRE

Il était une fois une vieille femme, qui faisait du pain dans sa maison. Elle avait un petit garçon si gros, si lourd et tellement gourmand qu'elle l'avait surnommé Motte de Beurre. Elle avait également un chien appelé Dent d'Or. Soudain, le chien se mit à aboyer.

«Motte de Beurre, cours dehors et vas voir après qui Dent d'Or aboie.»

Alors le garçon courut dehors, puis revint en disant : «Dieu ait pitié de nous, une grande trollesse arrive avec sa tête sous son bras et un sac sur son dos.»

«Cours te cacher sous la planche à pâtisserie,» dit sa mère.

C'est alors que la géante entra.

«Bonjour!» dit-elle.

«Dieu nous bénisse!» dit la mère de Motte de Beurre.

«Motte de Beurre est-il à la maison aujourd'hui?» demanda la trollesse.

«Non, il est parti dans les bois chasser avec son père,» répondit sa mère.

«C'est dommage,» dit la vieille sorcière, «J'ai un joli petit couteau en argent que je voulais lui offrir.»

«Hé, je suis là!» s'écria Motte de Beurre, qui surgit de sous la planche à pâtisserie.

«Je suis si vieille que j'ai du mal à me baisser,» dit la trollesse. «Tu n'as qu'à te glisser à l'intérieur de mon sac et le chercher toi-même.»

Une fois Motte de Beurre à l'intérieur du sac, la trollesse jeta le sac par-dessus son épaule et se dirigea vers la porte. Mais après avoir parcouru une courte distance, la trollesse fatiguée lui demanda, «Où peut-on se reposer?»

«A deux cent mètres d'ici,» répondit Motte de Beurre.

Alors la trollesse posa son sac par terre, s'enfonça dans le bois et s'allongea pour dormir. Pendant ce temps, Motte de Beurre s'assura qu'il était en sécurité, pris son couteau, perça un trou dans le sac et se faufila dehors. Après avoir mis une grande racine de pin à sa place, il couru à la maison retrouver sa mère. Lorsque la trollesse arriva chez elle et vit ce qu'il y avait dans son sac, elle piqua une terrible colère.

Le jour suivant, la vieille femme faisait à nouveau du pain quand le chien commença à aboyer.

«Motte de Beurre, cours dehors voir après qui Dent d'Or aboie.»

«Oh non, oh non!» s'écria Motte de Beurre. «C'est encore cette méchante femme, avec sa tête sous son bras et son grand sac sur son dos.»

«Cours te cacher sous la planche à pâtisserie,» lui dit sa mère.

«Bonjour!» dit la femme troll. «Motte de Beurre est-il à la maison aujourd'hui?»

«Non, il est parti dans les bois

chasser avec son père,» répondit sa mère.

«C'est dommage,» dit la trollesse, «j'ai une jolie petite fourchette en argent que je voulais lui offrir.»

«Hé, je suis là!» s'écria Motte de Beurre en s'avançant.

«Je suis si vieille que j'ai du mal à me baisser,» dit la trollesse. «Tu n'as qu'à te glisser à l'intérieur de mon sac et le chercher toi-même.»

Une fois Motte de Beurre à l'intérieur du sac, la trollesse jeta le sac par-dessus son épaule et se dirigea vers la porte. Mais après avoir parcouru une courte distance, la trollesse fatiguée lui

demanda, «Où peut-on se reposer?»

«A huit cent mètres d'ici,» répondit Motte de Beurre.

Alors la trollesse posa son sac par terre, s'enfonça dans le bois et s'allongea pour dormir. Pendant ce temps, Motte de Beurre perça un trou dans le sac et se faufila dehors, puis mis une grande pierre à l'intérieur du sac. Lorsque la trollesse arriva chez elle, elle alluma un feu, plaça une énorme marmite au-dessus de la flamme et se prépara à faire bouillir Motte de Beurre. Mais alors qu'elle prenait le sac pour le laisser sortir, la pierre tomba et fit un trou dans le fond de la marmite, si bien que l'eau s'échappa et éteignit le feu. La trollesse se mit en colère et dit, «Peu importe le mauvais coup qu'il pourra imaginer, je finirai par l'attraper.»

La même chose se reproduisit une troisième fois. Dent d'Or se mit à aboyer, et la vieille femme dit à Motte de Beurre, «Cours voir après qui Dent d'Or aboie.»

«Motte de Beurre courut dehors et revint en criant. «Je suis maudit! C'est encore cette méchante femme, avec sa tête sous son bras et son grand sac sur son dos.»

«Cours te cacher sous la planche à pâtisserie,» lui dit sa mère.

«Bonjour!» dit la trollesse. «Motte de Beurre est-il à la maison aujourd'hui?»

«Non, il est parti dans les bois chasser avec son père,» répondit sa mère.

«C'est dommage,» dit la trollesse, «j'ai une jolie petite cuiller en argent que je voulais lui offrir.»

«Hé, je suis là!» s'écria Motte de Beurre en sortant de sous la planche à pâtisserie.

«Je suis si vieille que j'ai du mal à me baisser,» dit la trollesse. «Tu n'as qu'à te glisser à l'intérieur de mon sac et le chercher toi-même.»

Une fois Motte de Beurre à l'intérieur du sac, la trollesse jeta le sac par-dessus son épaule et se mit en route. Cette fois-ci, elle ne s'arrêta pas en chemin pour se reposer, mais se rendit tout droit chez elle, avec Motte de Beurre dans son sac, et arriva un dimanche.

La trollesse dit à sa fille : «Prends Motte de Beurre, tue-le puis plonge-le dans la soupe avant que je ne revienne. Je vais à l'église inviter les gens à festoyer.»

Une fois la vieille sorcière partie, sa fille était censée tuer Motte de Beurre, mais ne savait pas très bien comment faire.

«Oh, je peux te montrer ce qu'il faut faire,» dit Motte de Beurre. «Mets ta tête sur le banc et regarde.»

La pauvre créature lui obéit, et Motte de Beurre se saisit d'une hache puis lui trancha la tête, comme s'il s'était agi d'un vulgaire poulet. Puis il mit la tête dans le lit et le corps sans vie dans la marmite, et concocta une soupe à la fille de troll. Lorsque ce fut fait, il grimpa sur la porte avec la racine de pin et la pierre, et les plaça respectivement sur la porte et sur la cheminée.

Lorsque les invités arrivèrent de l'église et virent la tête dans le lit, ils crurent que la fille était endormie. Puis ils allèrent goûter la soupe.

«C'est délicieux, la soupe de Motte de Beurre!» dit la vieille sorcière.

«C'est délicieux, la soupe à la fille de troll!» s'écria Motte de Beurre du haut de la cheminée.

Ils se demandèrent qui pouvait bien parler et voulurent jeter un coup d'oeil au dehors. Mais lorsqu'ils passèrent la porte, Motte de Beurre jeta la racine de pin et la pierre sur leurs têtes et les tua. Puis il prit tout l'or et l'argent de la maison, et retourna chez sa mère, très riche.

L'ELFE QUI VIT DANS L'EAU

L'elfe qui vit dans l'eau est rusé. Les hommes sont ses proies. Prenez garde lorsque le soleil se couche. Il pourrait bien être allongé au fond du nénuphar que vous voulez attraper. Au moment où vous le touchez, le marécage s'entrouvre devant vous et l'elfe

vous agrippe avec ses mains gluantes.

Lorsque vous vous asseyez seul au bord de l'étang le soir, les souvenirs remontent à la surface, les uns après les autres, puis c'est tout une ribambelle de souvenirs, avec la même chaleur et le même éclat que lorsque la lumière du soleil se réfléchit entre les feuilles et les nénuphars. Faites attention! L'elfe qui vit dans l'eau joue avec vos sentiments. L'étang est propice aux souvenirs, et l'elfe se tient aux aguets. Il sait combien il lui est facile de nous prendre au piège avec ses superbes reflets frémissants.

Th. Kittelsen 1904

LA POULE QUI DANSE DANS LA MONTAGNE

La mère attendit et attendit, mais sa fille ne revenait toujours pas. Elle attendit encore un peu, mais n'ayant aucun signe d'elle, elle dit à sa seconde fille d'aller chercher sa soeur, et d'en profiter pour appeler la poule.

Alors sa seconde fille sortit, et il lui arriva exactement la même chose : elle chercha la poule et l'appela, et entendit soudain une voix:
«La poule danse dans la montagne!»

La poule danse dans la montagne! Elle pensa que tout cela était très étrange et alla voir ce qui se passait. Elle aussi tomba par la trappe, au fond des souterrains. Elle traversa toutes les pièces, jusqu'à ce que le troll apparaisse et lui demande si elle voulait bien être sa bien-aimée. Elle refusa, disant qu'elle voulait retourner chercher la poule. Le troll se mit en colère. Il s'empara d'elle, lui arracha la tête et la jeta avec le corps dans la cave.

Après avoir attendu sa seconde fille pendant très longtemps, sans aucune nouvelle, la femme dit à sa plus jeune fille:

«Tu dois aller chercher tes soeurs. Bien qu'il serait dommage que la poule ait disparu, il serait encore pire de perdre tes soeurs, mais tu peux toujours en profiter pour appeler la poule.

La plus jeune soeur s'en fut. Elle marcha ici et là, cherchant et appelant, mais sans trouver ni la poule ni ses soeurs. Longtemps après, elle arriva au bord de la falaise, et entendit une voix:
«La poule danse dans la montagne!»

La poule danse dans la montagne! Elle pensa que tout cela était très étrange et alla voir ce qui se passait. Elle tomba par la trappe, au fond des souterrains. Elle marcha de pièce en pièce, chaque pièce étant encore plus belle que la précédente. Mais elle n'avait pas peur, et prenait le temps de tout regarder, puis elle aperçut la trappe conduisant à la cave. Elle l'ouvrit et reconnu immédiatement le corps de ses soeurs.

Alors qu'elle refermait la trappe, le troll apparut. «Veux-tu être ma bien-aimée?» demanda-t-il.

«Oui, j'en serais heureuse,» répondit la jeune fille, devinant ce qui était arrivé à ses soeurs.

Lorsque le troll entendit sa réponse, il lui donna de superbes vêtements, les plus beaux dont elle pouvait rêver, et tout ce qu'elle désirait, tellement il était heureux que quelqu'un accepte d'être sa bien-aimée.

K.

RENARD ROUGE ET ASKELADD

V «Voudrais-tu jouer à colin-maillard?» demanda Askeladd. Cela pourrait être amusant, pensa le troll. «Mais tu commences,» dit-il à Askeladd. «Avec joie,» répondit le garçon. «Mais ce sera mieux si nous tirions au sort, car cela éviterait toute dispute entre nous.»

Ils firent ce qu'ils avaient dit et, comme vous pouvez le deviner, Askeladd fit en sorte que le troll mette le bandeau en premier. Vous auriez dû les voir jouer à colin-maillard! Ils coururent à la lisière de la forêt, et le troll trébucha sur les souches d'arbre, si bien que l'amadou crépita et fit des étincelles.

«Aïe, aïe, je veux bien être damné si je rejoue encore une fois à colin-maillard!» s'écria le troll en colère. «Attends un moment,» dit Askeladd, «Je resterai immobile et t'appellerai pour que tu m'attrapes.»

Pendant ce temps, il sauta de l'autre côté d'un petit lac profond. «Viens me chercher, je suis ici» s'écria Askeladd. «N'y-a-t-il pas des arbres et des rondins par là?»

«Il n'y a pas d'arbres par ici,» affirma Askeladd, promettant qu'il n'y avait ni arbre ni souche. «Allez!»

Alors le troll avança. Plouf! Le troll tomba dans le lac, et Askeladd lui frappa les yeux avec le râteau chaque fois que sa tête remontait à la surface.

Le troll le supplia si pitoyablement de lui laisser la vie sauve que le garçon eu pitié, mais il lui ordonna de renoncer à la princesse et de libérer celle qu'il avait capturée, et de promettre de laisser les hommes et les bêtes vivre en paix. Le troll put alors regagner sa maison dans la montagne.

TK

L'ESPRIT DE LA CASCADE

Si vous vous asseyez au sommet de la cascade, de préférence un soir de pleine lune, vous verrez et entendrez l'esprit de la cascade.

Tout en bas, au milieu des cercles d'écume, il se tient assis, jouant les puissantes mélodies de la Nature. Tout d'abord, vous n'entendez qu'un grondement, mais il s'empare de vous petit à petit si bien que vous voulez vous jeter dans le vide d'où provient la musique.

Ici, toutes les chansons sont amplifiées après avoir été étouffées dans les bois et les montagnes. Toutes les voix de la nature sortent de son instrument et l'écho encercle le son, qui va crescendo.

Les pins bruissent, les peupliers tremblent, les ruisseaux clapotent et les bouleaux frémissent. Au sommet des montagnes, les vents frais soufflent joyeusement, les forêts silencieuses soupirent, et le lac de montagne, profond et calme, chante sur les doux accords mélancoliques d'une flûte en bois de saule. L'esprit se penche sur son violon, faisant résonner son archer sans cesse en mouvement. Tout le monde doit se joindre à lui, se jeter du précipice dans le tourbillon!

Il joue les yeux fermés, concentré, au milieu du tumulte. Ecoutez, il bat la mesure avec son pied!

Il ne s'arrête jamais de jouer. Les falaises noires brillantes s'élèvent pour former un temple majestueux à l'intérieur duquel les sons éternels peuvent librement se réfléchir. Juchée tout là haut, dans les voûtes célestes bleu foncé, la lune argentée se reflète dans les profondes mares sombres.

Maintenant, les étoiles sont éclairées une à une. C'est comme si les accords s'emballaient, comme si chaque goutte voulait se joindre aux milliers d'autres gouttes et étinceler parmi elles. Mais l'impétueux violoniste est assis tout en bas, les yeux fermés, penché sur son instrument. Sa propre musique le relie à son environnement aquatique.

Puis l'aigle s'envola au loin, et fit une halte dans un pin lorsque la fatigue l'envahit. «Peux-tu voir quelque chose?» demanda-t-il.

«Et bien, je ne suis pas sûr,» répondit l'homme, «mais il me semble apercevoir quelque chose dans le lointain.»

«Allons encore plus loin,» dit l'aigle en prenant son envol.

«Vois-tu quelque chose maintenant?,» demanda-t-il après un certain temps.

«Oui, il est juste derrière nous,» répondit l'homme.

«Laisse tomber la pierre que tu as prise près de la porte de l'étable,» dit l'aigle.

L'homme s'exécuta, et la pierre se transforma en une haute montagne noire, dans laquelle Barbe de Bélier devait d'abord se frayer un chemin. Mais arrivé au milieu de la montagne, il se cassa une jambe et dut retourner chez lui pour se soigner.

L'aigle ramena l'homme et le lièvre à la maison. Lorsqu'ils arrivèrent, l'homme se rendit au cimetière et jeta de la terre bénite sur le lièvre, qui redevint son fils Ans.

EN ALLANT FAIRE LA FETE DANS LE CHATEAU DU TROLL

Ils étaient enfin sur la bonne route. Au loin, au-dessus des collines boisées et du ciel bleu foncé, quelque chose qui ressemblait à une étoile clignotait. Une étrange lueur tremblotait et scintillait, parfois blanche, puis dorée, bleue ou verte. Les vieux trolls opinaient entre eux, car ils savaient pouvoir trouver leur chemin.

Puis ils virent le château du troll.

Les yeux des jeunes trolls s'écarquillèrent. Ils n'avaient jamais pensé qu'une chose aussi belle puisse exister. Comme c'était magnifique et splendide! Le château était en or. Il brillait, et se reflétait dans l'eau calme et profonde, parmi les pièces d'argent flottant et dansant dans l'eau. (…)

La longue procession des étranges créatures traversait les grandes collines sombres d'un pas pesant. Certains étaient si vieux que la mousse et de petits buissons poussaient sur eux, d'autres ployaient sous le poids des ans et ressemblaient à des racines de pins noueuses que l'on devait porter. Ils couinaient, gémissaient, râlaient, haletaient et reniflaient. Ils voulaient tous entrer à l'intérieur de la splendeur dorée, à l'intérieur du château Soria Moria, qui resplendissait de lumière et résonnait de musique.

«QUI DIABLE CELA POUVAIT-IL DONC ETRE»

La judicieuse utilisation de l'art de la suggestion, qui n'a pas toujours été le fort de Kittelsen, transparaît dans ce croquis couleur représentant une minuscule hutte au milieu de monticules de neige, qui a failli être piétinée par un grand troll, dont nous apercevons seulement l'ombre, qui disparaît au-dessus de la colline. Nous ressentons la même sensation, doublée d'un rire nerveux, chaque fois que des êtres vivants échappent au danger et osent s'aventurer dehors pour demander, d'une voix encore tremblante: «Qui diable cela pouvait-il donc bien être?» L'image et le texte sont ici inséparables, car essentiels à la compréhension.

Th. Kittelsen 05.

LE TROLL DE LA MONTAGNE EST MORT

Derrière l'immense falaise noire résidait le troll qui éclata à la lumière du soleil. Là, à l'intérieur de la montagne, il était allongé dans l'obscurité sur des tas de pièces d'or et d'argent ainsi que sur des pierres précieuses. Le trésor brillait et étincelait et chaque fois que le troll bougeait, l'or se mettait à tinter.

Puis il entendit parler d'un morceau d'or dans le ciel, le soleil, et voulut s'en emparer. Non pas pour jouir de ses rayons, mais pour l'enfermer dans son grand coffre en cuivre.

Alors une nuit, il sortit à l'aveuglette, enlevant les pierres des versants de la montagne, remuant cailloux et rochers, hurlant et cherchant le soleil. Il le voyait déjà briller à l'intérieur de son coffre en cuivre. Il lança et tourna les pierres pour attirer la foudre, et le tonnerre fit rage jusqu'en bas de la montagne.

Tout au loin, quelque chose semblait briller entre les sommets. C'est peut-être le soleil qui brille ainsi dans l'obscurité, pensa le troll. (…)

… Le jour se lève à l'aube. La lumière apparaît, encore endormie. Elle apporte chaleur et bonheur, en n'oubliant personne. Chagrin et allégresse, joie et peur reçoivent le même tendre baiser. Les rayons de lumière ne connaissent pas la haine.

Alors le premier rayon de soleil surgit au-dessus des montagnes. (…)

Le troll grinça des dents dans une rage impuissante et mordit ses langues diaboliques jusqu'au sang. Il serra ses doigts calleux et ses muscles et tendons se raidirent comme des arcs tendus.

Puis le soleil se leva. Il vacillait, tandis que l'humble fleur de la montage dressait son calice pour saluer le jour, remplie d'une goutte de rosée argentée scintillante.

… Beaucoup plus bas, dans la vallée, là où les rayons de lumière miroitaient sur les petites fenêtres, de pauvres gens vivaient dans le froid et la faim. L'hiver est très pénible et long, trop long pour des pauvres gens. Il n'y a que la neige et le vent, le vent et la neige… Et au-dessus d'eux, dans les vastes montagnes, des visages en colère se sont changés en pierre. La nuit, dans la pénombre, ils hantent les rêves des gens, effrayants et menaçants …

BERGTROLD
Th. Kittelsen

LE MARIAGE DES LUTINS

Partant de notre ferme et longeant la rivière, qui serpentait entre de charmants petits bosquets, un vaste champ vert s'étendait en direction du lac Solevatnet. Ici et là se dressaient de petits groupes de sapins, des pins noueux, ainsi que des bouleaux, aulnes, sorbiers et saules. Des touffes de mousse moelleuses étaient poussées par la douce brume du soir tourbillonnante, comme des processions de lutins – un conte de fées, une scène étrange et ravissante. La mariée, triste et pale avec sa coiffe en argent scintillante, marchait à côté de l'affreux vieux Roi des Lutins. Une nuée grouillante d'esprits vêtus de gris railleurs et moqueurs les suivait dans mon imagination. Je voulais entrer dans le royaume de la fantaisie et des contes de fées. Puis le convoi nuptial disparut. Mais alors que j'étais assis sur un tapis de mousse moelleux marron-vert, des milliers de petites mouches éphémères volèrent vers moi, avec leurs fines ailes brillantes. Elles se posèrent sur mes vêtements, en me recouvrant entièrement comme la rosée d'une brume de conte de fées. Puis elles tombèrent par terre, mortes.

Theodor Kittelsen – peintre, illustrateur, auteur

L'ILLUSTRATEUR DES TROLL NORVÉGIEN

«Nous nous revoyons en train de frissonner face à ses dessins de troll, et les délices de l'imagination fertile de notre enfance nous reviennent en mémoire, comme quelque chose que nous avons perdu. L'innocente Norvège des troll n'existe plus, et un artiste comme Kittelsen serait déplacé à notre époque. Il représente le pays et l'enfance que nous avons perdus. Nous devrions peut-être le considérer comme une part de nous-mêmes, du temps où nous ne savions pas encore lire, une part de notre riche héritage illettré»

Theodor Kittelsen (1857–1914) est désormais reconnu dans son propre pays et à l'étranger comme l'un des premiers illustrateurs de contes de fées de Norvège, ainsi que comme l'artiste à l'origine des plus célèbres images de troll illustrant les contes populaires recueillis par Asbjørnsen et Moe. Son ami, le peintre Christian Skredsvig, le surnommait en plaisantant le «Grand Peintre des Troll». Les observations sur le monde féerique de l'enfance perdue ainsi que sur la marque indélébile laissée par les illustrations des contes populaires et histoires de troll de Kittelsen sur des générations d'enfants norvégiens sont extraites de la biographie de Kittelsen rédigée en 1959 par Odd Hølaas, et intitulée Den norske faun (Le Faune norvégien).

Illustrateur de contes populaires et auteur satirique

Dans son livre, Hølaas explique combien Kittelsen «devait se battre pour obtenir que ses chefs d'oeuvre soient reconnus. De sa jeunesse à sa mort, il s'est heurté à la pauvreté et à l'indifférence. Ses principales oeuvres étaient ignorées, ou attendaient jusqu'à quatre ou six ans avant d'être publiées. « Il n'a jamais eu l'occasion de réaliser ses grands rêves.»

Selon Hølaas, Kittelsen n'avait pas précisément un caractère jovial. Son tempérament passionné et triste pouvait libérer des forces dangereuses. Kittelsen était sensible et susceptible, comme peuvent l'être les grands artistes qui doivent s'exprimer avec tant de force. Il est de notoriété publique que Kittelsen a perdu

son caractère impétueux quasi génial dans les années 1890, pour devenir un homme amère.

Tout au long de sa vie, Kittelsen a voulu illustrer des livres, mais il était également un auteur de contes de fées, fables, anecdotes, farces et parodies. Cet auteur satirique remarqué brocardait de sa plume la société bourgeoise contemporaine, les classes dirigeantes et les industriels avec une malice de bon aloi et un joyeux dédain. C'était un auteur prolifique mais comme le mentionne Holaas, il n'a jamais pu voir ses illustrations imprimées de son vivant, car aucun éditeur ne souhaitait les publier. Il est paradoxal qu'un homme aujourd'hui considéré comme l'un des artistes les plus populaires de Norvège ait dû se battre pour être reconnu et vivre de manière décente, pendant presque toute sa carrière artistique.

Dans une lettre adressée à un ami durant la première année d'installation de la famille Kittelsen dans la ferme Lauvlia à Sigdal, il écrit, «Il est souvent terriblement difficile d'être un artiste norvégien, parfois si difficile que cela en devient désespérant. Mais rien ne sert de s'attendrir sur son sort. On doit se ressaisir et persévérer. Si je n'étais pas si épris de la nature, de chaque fleur dans chaque cours d'eau, je ne sais pas si je pourrais tenir. Mais la nature est une merveilleuse consolation.»

L'apprenti de l'horloger

Theodor Kittelsen est né dans la ville côtière de Kragerø et a commencé sa carrière de dessinateur à un très jeune âge. Ville de marins, Kragerø devait être un lieu de résidence stimulant pour un garçon imaginatif et talentueux. Les habitants et les paysages étaient certainement une source d'inspiration.

«Des aventures nous attendaient dans tous les coins et recoins de ma ville natale. D'amusant vieux édifices en bois avec des miroirs aux fenêtres, de hautes cheminées avec des girouettes rouillées grinçantes. De vieux puits vaseux qui couinaient et gémissaient dès que vous actionniez la pompe, d'étroites ruelles et allées montant et descendant de la colline, et du pissenlit, des fleurs d'orties blanches, des plantains et de l'herbe grasse poussant le long des murs des maisons. Soudain, votre pied restait coincé entre les pavés, mais vous n'aviez aucune raison de vous inquiéter, car les chevaux et les charrettes étaient aussi rares à Kragerø que les vaches. Les bateaux et des voiliers étaient beaucoup plus nombreux. Le port fourmillait de navires en provenance d'Angleterre, d'Allemagne, de France, ainsi que jolis bateaux de pêche hollandais. Si quelqu'un demandait à un garçon de Kragerø ce qu'il voulait devenir plus tard, ce dernier devenait un objet de honte et de moqueries s'il ne répondait pas immédiatement « un marin ».

«J'étais une exception, et mes camarades d'école le toléraient, car ils faisaient souvent appel à mes talents de dessinateur. J'ai même dessiné des caricatures de mon propre instituteur, pourtant sévère, et les ai vendues à son fils contre deux grandes pièces de cuivre.»

Mais les parents du jeune Theodor voyaient d'un mauvais oeil leur fils devenir un peintre, illustrateur ou sculpteur. Ils voulaient qu'il fasse quelque chose d'utile, et l'envoyèrent à Arendal comme apprenti auprès d'un horloger allemand appelé Stein. Heureusement pour le jeune Kittelsen, l'horloger savait reconnaître le talent artistique. «Tu ne seras jamais un horloger dans ta vie, tu ne fais que rester assis ici à rêver,» avait l'habitude de dire le vieux Stein. Il mit Kittelsen en relation avec l'un des hommes les plus riches d'Arendal, Diedrik Maria Aall, qui vivait dans un vieux manoir en dehors de la ville. Cette rencontre marqua le début d'un parrainage qui dura de nombreuses années.

Un jour, l'apprenti horloger fut envoyé au manoir pour une course. «Timide et embarrassé, je suis entré en me sentant complètement gauche. Et puis j'ai vu un visage amical et radieux, celui de Diedrik Maria Aall. « Tout est arrangé » lui dit ce dernier. « Tu peux te rendre à l'Académie de Dessin de Kristiania dès que tu le souhaites ». »Je tremblais d'émotion. Je me souviens encore aujourd'hui de son visage amical et sincère,» écrit Kittelsen dans ses mémoires Folk og Trold. Minder og Drømme. Med Skisser, Tegninger og Malerier (Les gens et les trolls. Souvenirs et rêves. Avec croquis, illustrations et peintures), publiées en 1911 à Copenhague et Kristiania, ancien nom de la capitale de la Norvège.

Vie d'étudiant à Munich

Après ses études à Kristiania, Kittelsen est parti pour Munich, ville bohémienne par excellence. Ainsi que le décrit Kittelsen dans ses mémoires, «on pouvait rencontrer des artistes à chaque coin de rue, de jeunes universitaires sûrs d'eux et de riches dandys élégants, toujours accompagnés d'un horrible chien bâtard avec un collier brillant et une laisse fantaisie. Dans leur sillage, on voyait également apparaître d'étranges créatures à l'air miteux avec de hauts chapeaux melons à larges bords, de longs cheveux descendant jusqu'aux épaules, lâchement drapés dans un misérable plaid. Ces amateurs de bière appréciaient sans aucun doute davantage la bière et la viande de boeuf que l'art, parlaient haut et fort en

gesticulant. Des étudiants dans d'élégants uniformes avec des visages rougeauds stupides lançaient des regards agressifs dans toutes les directions. Les jeunes filles rousses de l'aristocratie anglaise laissaient deviner leur belle silhouette à travers de fines robes et soie, tandis que les pauvres modèles italiens souriaient et riaient: ils portaient leurs guenilles de bohémiens avec davantage de grâce et de dignité que quiconque (...)

«L'Académie des Beaux Arts, où j'étais le disciple d'un des professeurs les plus doués qui soient, était fréquentée par des étudiants du monde entier, et l'on y parlait les langues les plus étranges. Mais nous étions les meilleurs amis du monde, faisant fi des nationalités ou des barrières sociales.»

Dans Den norske Faun, le biographe de Kittelsen, Odd Hølaas, raconte que durant son séjour à Munich, Kittelsen commença à faire preuve d'une grande opiniâtreté. Il ne pouvait rivaliser avec la virtuosité de ses camarades peintes, et ne cherchait même pas à le faire. Kittelsen n'était pas un artiste académique mais un artiste populaire, qui trouva des années plus tard à exprimer ses talents dans les domaines qu'il préférait, comme peintre naturaliste lyrique et illustrateur de contes populaires. «Les autres étaient capables de déplier leurs ailes et de voler en direction d'un objectif commun, en suivant un instinct commun qui les conduisait vers un nouveau territoire artistique, tandis que le parcours de Kittelsen commence par une image complètement différente : un crabe faisant marche arrière devant le vaste monde, revenant constamment chez lui, un artiste plus résolu que les autres, avec beaucoup, beaucoup plus d'imagination.»

Kittelsen lui-même décrit ses longues conversations avec un étudiant des beaux arts finlandais, fils d'un ecclésiastique de Kuopio, qui devint son meilleur ami durant ses études à Munich. Durant les pauses, en buvant de la bière et en dégustant du saucisson allemand, «nous parlions et rêvions constamment de la nature, chez nous. Notre avions le même enthousiasme: La Norvège et la Finlande étaient les plus beaux pays du Monde!»

Theodor Kittelsen vécut heureux à Munich et à Paris, en compagnie d'artistes étrangers et norvégiens tels que Harriet Backer, Eilif Petterssen, Werenskiold et Christian Skredsvig, mais ses déboires financiers forcèrent ses

amis et des admirateurs norvégiens à venir à son secours, et un prêt bancaire permit au jeune peintre illustrateur de revenir en Norvège en 1880.

Le temps du bonheur à Lauvlia

Après ses études à Munich et Paris, Theodor Kittelsen mena une existence itinérante avec sa femme Inga et ses neuf enfants. Ils habitèrent aux quatre coins de la Norvège, passant sans doute leurs plus heureuses années dans la ferme de Lauvlia à Sigdal, où ils emménagèrent en 1900. C'est là qu'il dessina de nombreuses illustrations des recueils de contes populaires norvégiens d'Asbjørnsen et Moe.

Kittelsen décrit sa vie à Lauvlia et ses difficultés financières permanentes dans une lettre à un ami en ces termes : «Enfin, il semble que l'été arrive. Cet hiver a été un cauchemar pour moi, aussi sombre et lugubre qu'il pouvait l'être. Mais maintenant, les chatons font leur apparition, et c'est comme si mon coeur et mon esprit s'illuminaient. J'attends avec impatience de pouvoir grimper dans les montagnes, où de merveilleuses choses m'attendent – si belles, en fait, qu'y penser est difficilement supportable. L'an passé, j'étais trop préoccupé par les soucis d'argent et par la maison pour partir très loin. Cela devrait être différent cet été. »

«Je suis enchanté par mon petit atelier – c'est la première fois que mon lieu de travail est rangé de manière ordonnée et propre, conformément à mes désirs. La maison est située dans un superbe environnement – les étés y sont absolument merveilleux. Nous vivons au milieu d'une forêt de bouleaux, qui descend vers le lac Soneren. J'espère que nous serons autorisés à la garder, afin que je puisse achever les travaux que j'ai entrepris. Elle n'est pas grande, mais je finirai par la transformer en véritable maison de conte de fées. Ma femme et moi-même nous chargeons de la plupart des travaux – je grave, peints et décore, elle sait tisser et coudre, comme il sied à une pauvre princesse capturée par un troll. Et puis il y a les enfants, je n'arrive plus à les compter, nos cinq enfants. Chaque fois que je me rends à Kristiania (ce qui ne se produit pas très souvent), mes distingués collègues me disent qu'ils sont trop nombreux, si bien que je n'ose plus y aller – je fais de mon mieux pour me cacher ainsi que ma famille derrière les buissons et les rochers. Il ne m'est jamais venu à l'esprit que j'avais trop d'enfants.»

«Oui, la vie est parfois dure, mais en été, le Seigneur nous donne toujours des pommes de terre en grande quantité, et les airelles poussent près de la route. »

«En été, nous devons aller pêcher. Nous installons des filets et attrapons principalement des perches, pleines de méchantes arrêtes qui se coincent facilement dans la gorge. Puis nous finissons par perdre nos filets, et arrêtons alors de pêcher. »

«C'est la vie que nous menons par ici – comme tu peux le voir, elle est très variée.» «Mais les chenilles font des cabrioles dans les forêts de pin sombres, où l'on peut sentir l'odeur des ours, et le soir, en bas dans le lac, l'esprit des eaux se tient aux aguets.»

Dix ans plus tard, la famille dû vendre la maison et déménager.

Tension émotionnelle et peur de la nature

Des spécialistes de la peinture ont suggéré que Theodor Kittelsen utilisait des images de la nature pour exprimer la solitude. Le besoin de solitude est un puissant thème dans les oeuvres de Kittelsen, selon l'auteur norvégien Einar Økland. Dans un article paru dans le magazine littéraire Basar (No. 4, 1976), il écrit : «On peut se demander si les Norvégiens ne sont pas profondément solitaires, et si nous avons besoin de davantage de solitude. »

«Cela se pourrait bien. Se retrouver seul dans la nature, loin de tout, est probablement un moyen de se libérer. Nous devons combattre la nature pour survivre, mais nous pouvons également l'approcher furtivement, en l'observant et en pensant à ce que nous aimons chez elle. Nous pouvons peupler la nature avec les fruits de notre imagination.»

C'est exactement ce que fit Kittelsen, d'une façon magistrale. Il était probablement très amoureux de la nature. «Le message qu'il véhicule dans ses textes et ses images est qu'il est possible de percevoir la nature avec netteté, tout en gardant de la place pour les grandes émotions qui submergent votre âme lorsque vous lui faites face (...) Les descriptions de Kittelsen étaient audacieuses et subtiles.»

Einar Økland croit que c'est l'élément suggestif dans l'art de Kittelsen qui nous attire et qui nous inquiète à la fois. Nous identifions la tension et le drame comme nos propres émotions et tensions. Il ne fait aucun doute qu'une grande frayeur se cache derrière les oeuvres de Kittelsen.

Pour étayer sa thèse, il cite le proche ami de Kittelsen, le peintre Christian Skredsvig, qui a écrit que Kittelsen rencontrait les trolls et lutins dans la campagne norvégienne mélancolique. «Les grandes forêts fourmillaient de personnages surnaturels. Incidemment, je ne crois pas que Kittelsen s'y soit jamais aventuré, car il avait peur de la nature. A l'origine, c'est probablement cette peur de l'immensité et du silence de la nature et de l'humanité qui a rendu son art étrangement mystique. Il n'est jamais allé plus loin que l'orée de la forêt pour rencontrer toutes ces créatures remarquables qui nous sont devenues si familières grâce à ses dessins. »

LE TROLL DE LA FORET
De : Trollskap – Theodor Kittelsen i tekst, tegninger og malerier, Gyldendal Norsk Forlag, Oslo 1957

LES PETITS GARCONS QUI RENCONTRERENT LES TROLLS DANS LA FORET DE HEDDAL
De : Asbjørnsen og Moes samlede eventyr, Vol. II, Gyldendal Norsk Forlag, Oslo 1965

LES TROIS PRINCESSES DANS LA MONTAGNE BLEUE
De : Asbjørnsen og Moes samlede eventyr, Vol. II, Gyldendal Norsk Forlag, Oslo 1965

LES FEES
De : Trollskap – Theodor Kittelsen i tekst, tegninger og malerier, Gyldendal Norsk Forlag, Oslo 1957

ASKELADD VOLE LES PIECES D'ARGENT, LA COUVERTURE ET LA HARPE DOREE DU TROLL
De : Asbjørnsen et Moe, Jomfrua på Glassberget og andre eventyr, Aschehoug, Oslo 1949

LE CHATEAU SORIA MORIA
De : Asbjørnsen og Moes samlede eventyr, Vol. II, Gyldendal Norsk Forlag, Oslo 1965

ASKELADD ET LE TROLL RELEVENT LE DEFI DU PLUS GROS MANGEUR
De : Asbjørnsen og Moes samlede eventyr, Vol. II, Gyldendal Norsk Forlag, Oslo 1965

LE ROI VALEMON ET L'OURS POLAIRE
De : Asbjørnsen og Moes samlede eventyr, Vol. II, Gyldendal Norsk Forlag, Oslo 1965

LE FARFADET
De : Trollskap – Theodor Kittelsen i tekst, tegninger og malerier. Gyldendal Norsk Forlag, Oslo 1957

PEER GYNT DANS LE CHATEAU DU ROI DE LA MONTAGNE
De : Henrik Ibsen, Peer Gynt, Fakkel-bok, Gyldendal Norsk Forlag, Oslo 1962

MOTTE DE BEURRE
De : Asbjørnsen og Moes samlede eventyr, Vol. II, Gyldendal Norsk Forlag, Oslo 1965

L'ELFE QUI VIT DANS L'EAU
De : Trollskap – Theodor Kittelsen i tekst, tegninger og malerier. Gyldendal Norsk Forlag, Oslo 1957

LA POULE QUI DANSE DANS LA MONTAGNE
De : Asbjørnsen et Moe, Jomfrua på Glassberget og andre eventyr, Aschehoug, Oslo 1949

RENARD ROUGE ET ASKELADD
De : Asbjørnsen og Moes samlede eventyr, Vol. II, Gyldendal Norsk Forlag, Oslo 1965

L'ESPRIT DE LA CASCADE
De : Trollskap – Theodor Kittelsen i tekst, tegninger og malerier. Gyldendal Norsk Forlag, Oslo 1957

BARBE DE BELIER
De : Asbjørnsen og Moes samlede eventyr, Vol. II, Gyldendal Norsk Forlag, Oslo 1965

EN ALLANT FAIRE LA FETE AU CHATEAU DU TROLL
De : Trollskap – Theodor Kittelsen i tekst, tegninger og malerier. Gyldendal Norsk Forlag, Oslo 1957

«QUI DIABLE CELA POUVAIT-IL DONC BIEN ETRE?»
De : Leif Østby, Theodor Kittelsen - Tegninger og akvareller, Dreyers Forlag 1975

LE TROLL DE LA MONTAGNE EST MORT
From: Trollskap – Theodor Kittelsen i tekst, tegninger og malerier, Gyldendal Norsk Forlag, Oslo 1957

LE MARIAGE DES LUTINS
From: Theodor Kittelsen, Folk og Trold, Minder og Drømme. Med Skizzer, Tegninger og Malerier, Kristiania/Copenhagen, Gyldendalske Boghandel/Nordisk Forlag 1911

Karenslyst Allè 10
0278 OSLO
Tel 22 12 16 70
Fax 22 12 95 41
e-mail: sfg@mediaholding.no

SFG

Tekst and editing: Per Erik Borge
Translation: Berlitz as
Photo: O. Væring - National Gallery, Oslo
Design: Skomsøy Grønli as
Print: PDC Tangen AS

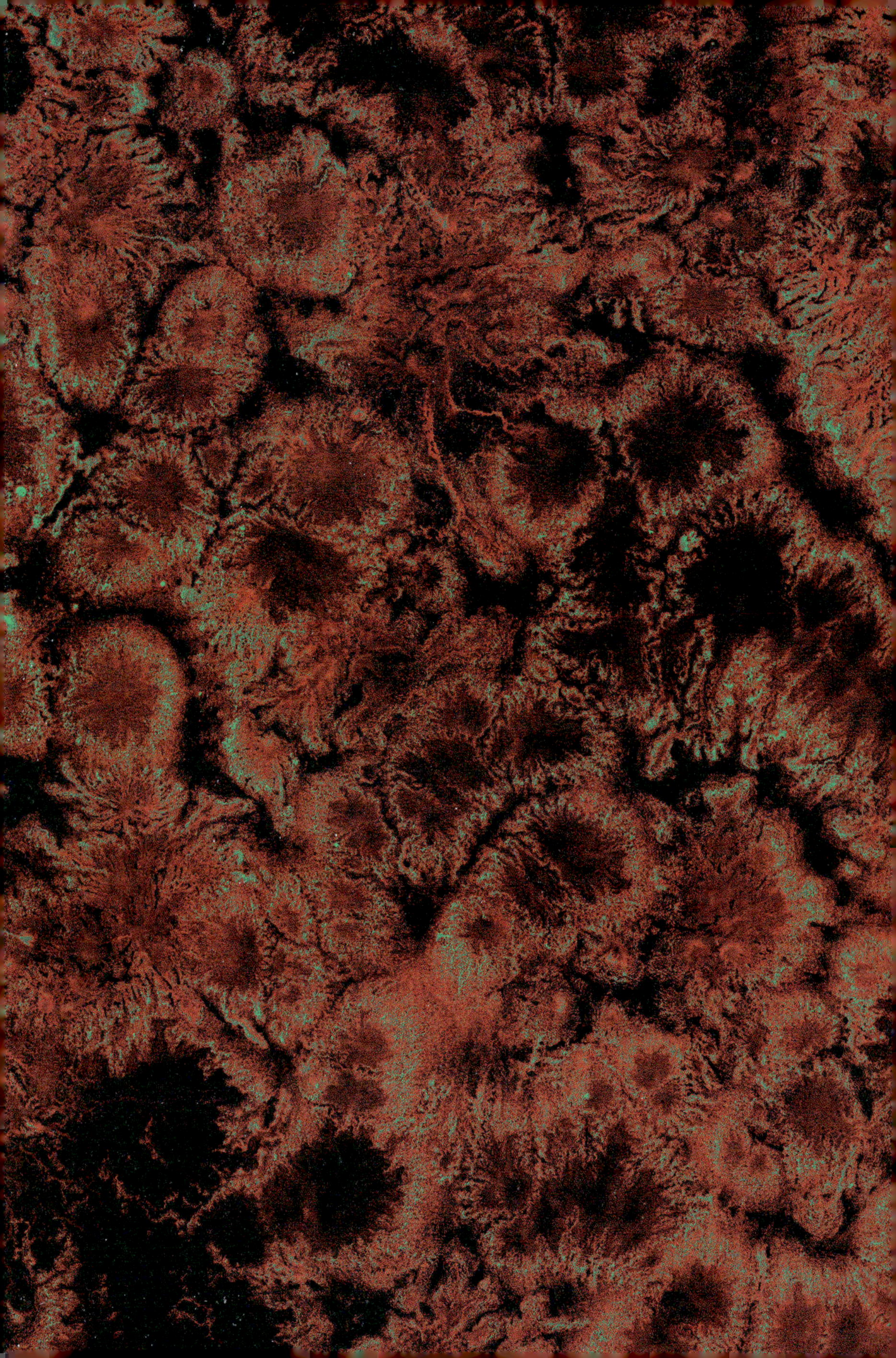